-7到+11 追著時差的任意旅行

NORTH AMERICA & EUROPE

周鈺淇 ANGEL CHOU —— 著

PREFACE

如果為了寫文章而開始旅行，就少了意外的驚喜。
如果為了紀錄而拍下照片，就錯失了瞬間的感動。
旅程的開始本是一場意外，產出的體會無所不在，
用相機把心裡的感受截成圖片，瞬間即是永恆。
邊想邊走邊拍，跟我進入用心拼湊的旅行地圖裡。

高中畢業那年，因為深知家人的辛苦，想為他們分擔家計，所以放棄考取的中正大學，進入了警察專科學校，成為警察，但我從沒放棄自己的夢想……因為喜歡唱歌，所以就去參加比賽；因為喜歡旅

遊，所以選擇放棄鐵飯碗投身於翱翔天空的工作；然後因為喜歡拍照，所以開始紀錄到世界各地的點點滴滴。

從小認為「環遊世界」是遙不可及的夢想，但現在居然實實在在地踏在每一塊世界版圖的土地上，對照原生的生長背景及工作經驗，或許我的感動及反饋是排山倒海的，有時候或許是乘客的故事，或迷路時當地人的幫助，都成為我的靈感來源。

我希望我的文字，能帶給人一種感動及激勵，我的照片更能帶領讀者神遊世界，因此本書集結了五年到世界各地停留的極短篇。

或許你不該期待從這裡得知當地的交通資訊或旅遊指南，而是在每個所到之處的感情連結；存在作者的內心投射、有關歷史事件面對面的訪問，甚至是身為第三者最客觀的分析。希望讀者能夠藉著我的文字及照片，用許多不同的視角看待每一趟旅行。

每踏的一步，都是人生學習的印記，能獲得浩瀚世界裡的一些反思，才不枉那段曾經走過的路。

關於小筆記，多半是與當地人訪問後的紀錄，針對特別值得與讀者分享的片段進行撰寫。

最後也最重要的是 Enjoy reading it.

Angel

004 PREFACE 前言

CHATPER.1

NORTH AMERICA

010 -7 LAX 洛杉磯

022 -5 MIA 邁阿密

032 -5 JFK 紐約

042 -4 ATL 亞特蘭大

CHATPER.2

EUROPE

050	+0	LHR	倫敦
062	+0	KEF	冰島
078	+1	ARN	斯德哥爾摩
090	+1	CPH	哥本哈根
104	+1	TXL	柏林
118	+1	WAW	華沙
120	+1	MAD	亞維拉
140	+1	NAP	卡布里
150	+2	BUD	布達佩斯
160	+2	CDG	巴黎
172	+2	BCN	巴賽隆納
182	+2	MAD	曼薩納雷斯埃爾雷亞爾
194	+2	VCE	威尼斯
202	+2	MLA	馬爾他
212	+3	DME	莫斯科
222	+3	IST	卡帕多奇亞
232	+3	ATH	希臘
242	+4	TBS	喬治亞

6:52
2016
TOSHIBA
Cloudy
Now
71°
Hi 71°
Lo 47°
TOSHIBA
Attracting Tomorrow
TDK
LET US FILL YOUR CUP
DUNKIN' DONUTS
FOX
SONY
MARRIOTT MARQUIS
MARVEL
CIVIL WAR
NOW PLAYING
4X BETTER IN BUILDINGS THAN BEFORE
1500

CHATPER.1

NORTH AMERICA

LAX 洛杉磯

MIA 邁阿密

JFK 紐約

ATL 亞特蘭大

118°15'W

UTC-7

LAX

Los Angeles

洛杉磯

san
RESTAURANT
ANDERSON

每個居住在洛杉磯的人臉上總掩不住一絲驕傲，因為這裡有加州最美的海灘，有令人找回童心的迪士尼樂園，更有成人天堂拉斯維加斯，好似一個華麗如夢的集合體，踏上這塊土地，無不讓人興奮的。

而我的洛杉磯經驗沒有星光大道，沒有爬上好萊塢標誌讓整座城市在我腳下，也沒看到比佛利山莊的富人們怎麼過生活，反而選擇跟住在 LA 當地的台灣人一起開車繞繞，聽聽這個大城市的故事。

洛杉磯可以是安靜、安全的，也可以是充滿幻想的，走在華氏 74 度的街道上，有著整潔琳琅滿目的商店，藍天和椰子樹跟美劇裡的場景一樣，拿著相機捕捉輕鬆的氛圍，記錄著人們的日常，城市之大，每個族群都過著自己想要的生活，穿梭在不同的期待裡，創造對未來的想像。

“PERFECTION MEANS Y
ANYTHING ABOUT TI

ROBERT MAPPLET

The legacy of Robert Mapplethorpe (1946–1989) is rich and
complicated. More than two decades after his death, his work
continues to trigger controversy, polarize critics, and challenge
the limits of artistic expression. Mapplethorpe strove for classical
purity and timelessness in his work, but he was also a catalyzing
participant in the cultural upheavals of the 1970s and '80s.
Intense and enduring, his photography—and persona—dismantled
boundaries between life and art.
Asked in 1988 how his work had changed over twenty years,
Mapplethorpe responded, "I think the work moves toward a kind
of perfection.....It's just a matter of refining." The term was a
refrain of sorts for the artist, who sought what he called *perfection*
in form in everything from acts of sexual fetishism to the elegant
contours of flower petals and believed that photography was
the *perfect medium* for the contemporary world: intimate and
immediate, a means of seduction, play, and control.

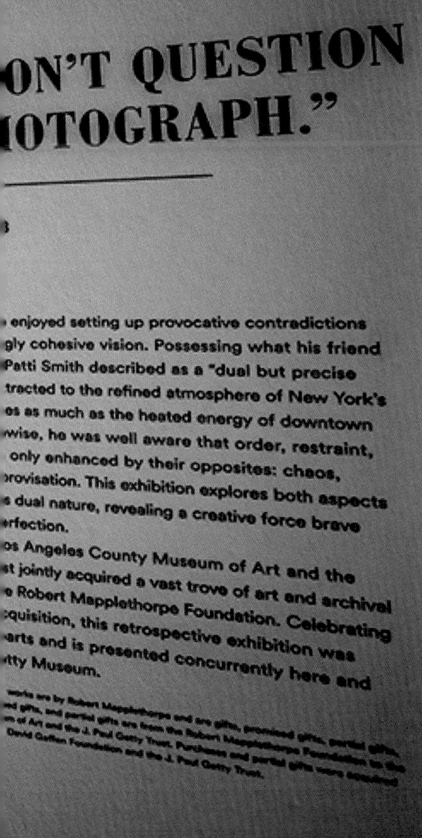

走進洛杉磯美術館（LACMA）與美來場約會，幾個色塊跟簡單的線條在某些人眼中就是極為值得欣賞的作品，從男性服裝的演進到畢卡索的經典抽象畫，甚至是極為開放的同性議題攝影，想得到的展覽都在這裡，慢慢用不同的角度認識這座城市是不被打擾的，每一種文化都應該被重視，遇到中華展品有說不出的熟悉感，被認同及接受是每個身處異鄉人的渴望，在這裡看到的融合與尊重，是我在藝術中心裡發現最美的一件。

CLASSICS
STAFF PICKS
NFG
NEW ARRIVALS
AMY
WINEHOUSE
FRANK
ROBERT DELONG
BADLANDS
HALSEY
TRENDING
LANA DEL REY
THE LUMINEERS
CLEOPATRA
PREMIUM
180g
VINYL
NEW ARRIVALS
"VICTORIOUS"
"HALLELUJAH"

CAR WASH
ULTRAVIOLENCE
LANA DEL REY
DISCLOSURE CARACAL
PULP FICTION
LEGEND
BOB MARLEY
MUMFORD & SONS
WILDER MIND
LANA DEL REY
MY MORNING JACKET
THE WATERFALL
ONE DIRECTION
METALLICA
NEW ARRIVALS
ALS
MOTION CITY SOUNDTRACK PANIC STATIONS

UTC -11	UTC -10	UTC -9	UTC -8	UTC -7	UTC -6	UTC -5	UTC -4	UTC -3	UTC -2	UTC -1	UTC +0

Los Angeles
洛杉磯

點瓶台灣啤酒，配幾道台灣小菜，是此行最豐盛的滿足，或許我們都一同在原來不屬於自己的城市生活，卻怎麼樣也帶不走對家鄉的感情，只要能與同伴多靠近一點，就多了一點繼續奮鬥的勇氣，美國夢之於你之於我，或許只是需要這樣的鼓勵。

就算是多年在此扎根的人也未必能清楚了解這個城市的每個角落，因此到處旅行的我，只能用渺小的視角看看世界，而找到歸屬感的那刻，則是每一趟旅行最令人感動的片段。

Angel's Note

在洛杉磯如果沒有車可說是寸步難行，各個區域間的距離至少都要 40 分鐘的車程，雖然塞車是 LA 無法錯過的景點之一，不過搭上 Uber 跟司機聊天，順便聽聽他們對城市的看法，也是一件很美妙的經驗。

美東紐約的 Shake Shack 跟美西洛杉磯的 In-N-Out，就像是死對頭一樣誰也不讓誰，在大排車龍的漢堡店外，簡單幾個牌子，只有當地人才知道的點餐方式，讓外地人的身分隱藏不了，Protein Style（沒有漢堡麵包皮，只有生菜）的漢堡跟 Animal Style（類似千島醬口感加上起司及炒過的紅洋蔥）薯條，是非常道地的點法，現炸現切的薯條，沒有厚厚的裹粉，只吃得到最新鮮的好味道。

每一個族群在這裡都有聚集的地區，行經華人聚集區時，充斥著標楷體的中文字，還有一個又一個的超市及台灣風格的理髮店，鼎泰豐跟 CoCo 手搖杯也近在轉角，在這附近生活根本不需要會講英文嘛，感覺就像從來沒離開過家鄉一般，團結又溫馨。而韓國、泰國、越南或阿拉伯人，也都在不同的區域組成小小的社區，但都不難被發現，只要一經過這些地方，立刻就像切換語言頻道般顯而易見。

朋友居住的阿卡迪亞縣，有個隨處可見孔雀棲息而居的植物園，這些孔雀就像印度牛的地位一樣高尚，弄傷了或嚇到了牠們，可是要繳不少的罰金，聽說一次在路上一位孔雀大爺在車輛來往的道路端坐了 10 分鐘，不僅不能按喇叭也不能隨意移動，最後只好請警察來疏導交通，這真是件新奇的趣事。

高樓林立的洛杉磯市中心，以前下班時間一過就淪為空城，治安也相對不佳，政府為了提升此處的居住人口，開始鼓勵各種商店進駐，讓人想要在此逗留，享受都市叢林的洗禮。洛杉磯政府針對問題從根本改善，並非一味加強警察巡邏的治標作法，是非常值得學習的。

來到 LA，記得跟當地人一起出遊，說不定還能發現更多觀光客所不知道的城市密碼。

80°13'W

UTC-5
MIA

Miami
邁阿密

pay by
phone
LOCATION 30939
download mobile app
paybyphone.com

到了 Wynwood 藝術特區，每一個街區的牆上地上天空上，不管是腳底踏著的小清新，還是立著色彩鮮艷的濃烈情緒，懸掛著城市最貼近生活的裝置藝術，我們開始喜歡這股蠢蠢欲動的空氣，卻輕易地找到補足內心缺角的那塊感受，療癒了不安於室的心靈。

在旅行中有一個很舒服的陪伴者永遠是加分的，因為那份心靈相通不需要多餘說明，即使是靜靜地坐在鞦韆上，盪著一致的心跳頻率，就能簡單勾出所到之處的美。話大概沒有說完的一刻，就算在繞不出去的市區電車裡，不管是站著等著尿急著，有各式各樣的話題分散腳酸及想上廁所的注意力，大概就是默契吧，無論發生什麼也不感到不耐煩，格外珍惜可以在一起的每分每秒。

在離家鄉很遠的地方生活，孤獨感常冒出頭來，很想要依賴人的時候發現全世界安靜到只能聽到自己的呼吸聲，那種無助是一種酵素，只有在遇到熟悉背景的身影時，心情的 DNA 才會回到最穩定的狀態，剛好這個城市提供了器皿，進行了一次完美的友情化學作用，身體的每一個細胞都充分地享受這器皿的養分，看到了不一樣的風貌。

Miami
邁阿密

海風拂來，拋下成見地喜歡這片海，是邁阿密的包容撫慰了兩顆寂寞的心，是邁阿密的熱情讓我們重回孩時的單純，原來邁阿密讓人感到如此幸福。

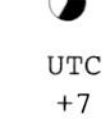

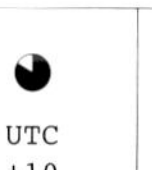

73°56′W

UTC-5

JFK

New York

紐約

dge

FINANCE
NEW YORK
CCRE
ONE WAY

有點冷又有點熱是我所認為的紐約式好客，永遠都記得那個風度翩翩西裝筆挺的男士不停查看手機走來，在迷路的夜裡只能打斷男士快速移動的腳步，雖然他臉上沒有笑容，但卻在手機裡面的語音系統搜尋了好幾次我們入住的飯店地址，幫忙後就帥氣地舉起手喊著：「TAXI!」就像騎士行善後立刻駕馬如風一般地消失於街道裡。慢半拍的我還在思考剛剛到底發生什麼事時，同行的香港同事立刻給了一個非常實在的反應：「那位男士一定很有錢，因為紐約計程車費好貴啊！現在還是深夜。」難道只有我在幻想著發生在那個街區的是某個見過的電影情節？一輩子能身在這樣的情境一次，應該就足夠了！

New York
紐約

從沒想過會有一趟旅行讓人只想一直徘徊在無盡想像裡，而紐約的千變萬化給了所有旅者不得不做夢的理由，偶爾用童話故事的角度看世界，相信一切都有可能。

Angel's Note

在第七大道及 53 街口的 HOPE 巨型雕刻品，是 Robert Indiana 的作品。他在 1967 年時就創造出 LOVE 的藝術品，並以 All You Need Is LOVE 作為口號，並散播到全世界，這些年他一直以希望世界和平為出發點，由世界希望日作為靈感，創造出另一個簡潔又充滿力量的新標語「希望」，而與 LOVE 相呼應，O 又代表著 FORWARD，一股不斷向前的力量。

這不僅是對美國藝術的貢獻，「希望」更是對全球貧窮、戰爭及動盪不安的一種正面能量，2014 年把雕像放在最具指標的時代廣場正中央，讓集中在紐約的人們，能夠把這樣的概念傳達到每個世界的角落，除了紐約，美國緬因州、邁阿密及委內瑞拉州，義大利威尼斯及德國慕尼黑，都看得到這個「希望」的作品，現在紐約曼哈頓的地點，作為期一年的展覽。

紐約不只是座國際城市，更是連接世界的樞紐，美國藝術家更利用這樣的橋樑展現對全球的關懷，不是譁眾取寵，當了解背後的深意後，讓人敬佩不已。

永遠都記得高中歷史課介紹馬丁路德金恩的演講影片，「我有一個夢」是有色人種追求被平等對待的夢，更是創造一個沒有顏色隔閡的社會願景，或許是從那刻開始，馬丁路德就變成了我的偶像，他那具有感染力的演說及長時間堅持非暴力表達訴求的行動，無論過了多久都是令人景仰的。

亞特蘭大的奧本區是他成長的地方，這裡的教會、社區跟學校，都對小時候的馬丁路德造成了極大的影響，走進屬於他的紀念園區，到處都見得到他演說時那有力的神態，看著在玫瑰花圃整修的白人太太們，有種說不出的欣慰；在馬丁路德出生之家的導覽時，我是當場唯一的亞洲人，除了一對小遲到的黑人夫婦外，其他全是來自科羅那多的白人，加上雙眼失明的解說員，形成一種非常有趣的場景。無論我們生於什麼顏色、健全與否，卻有著一樣的機會聽著或訴說著這個偉人的故事，而共同影響著我們看世界的眼光。馬丁路德 6 歲時，因種族隔離政策被迫不能與他的白人鄰居踢球而恨了白人九年，直到 15 歲那年上了大學進了推行種族正義的相關團體，發現成員並非只有黑人，還有許多白人在團體內與他們並肩同行，馬丁路德才軟化了對白種人的仇恨。「沒有了解事情本質之前的所有看法，都無法構成真正的尊重。」因為馬丁路德也超越了自己的偏見，更將這樣的中心思想發揚光大。

CHATPER.2

EUROPE

LHR	倫敦	CDG	巴黎
KEF	冰島	BCN	巴賽隆納
ARN	斯德哥爾摩	MAD	曼薩納雷斯 埃爾雷亞爾
CPH	哥本哈根	VCE	威尼斯
TXL	柏林	MLA	馬爾他
WAW	華沙	DME	莫斯科
MAD	亞維拉	IST	卡帕多奇亞
NAP	卡布里	ATH	希臘
BUD	布達佩斯	TBS	喬治亞

0°07′W

UTC+0

LHR

London

倫敦

眼花撩亂的倫敦，有來自世界各地的人生活著，任何一個小角落都有不一樣的風貌，而這樣的城市總有著說不完的你的故事。

在倫敦鐵橋來去匆匆的是住在這裡的人，拿著相機拍不停的是經過這裡的人，時不時會回頭望的是暫時停留的人，且快且慢

地交織成一幅美妙的畫面，難得在城市裡露臉的陽光，給每個多愁善感的靈魂帶來幸福，我想這是天下最公平的恩賜吧！

英國人的高傲在言談舉止中若隱若現，而倫敦人更將其推至更高層次，想到必須面對如此格調的工作環境，常讓人備感壓力，心中的既定印象總使進城的腳步蹣跚，他鄉遇故知可作為充分的理由，而旅行中彼此錯身的插曲更增添了許多印象落點，那一種焦急與期待，與擦肩旁人悠遊的腳步對應，彷彿在人生中迷茫的主角，清晰地只剩下當時無助的感受，還有在人海中找尋幫助的浮木，每一個指引的線索都溫暖得很真實，原來高傲的是自己不願意放下成見的心。

冰島的高地區有最不平坦的路跟最空靈的風景，經過車旁的有黃有綠，開在寂寞的道路上有種迷失，但總在翻過一個小丘後，見到絲毫不起漣漪的湖之靜謐；冰島的長途駕車時時充滿了驚喜，彷彿找回對浩瀚世界無限想像的心，因為知道有一個人是我盡情冒險的勇氣，真正的伴侶不該是阻礙對方的碎石，而是讓彼此變得更好的夥伴。

六天五夜的南線之旅，已足以使人發下再訪的承諾，冰島的北方又是一個值得期待的旅程，還有永夜裡代表著幸福的光束來自天邊，冰島我們下次見。

Angel's Note

有人或許感到奇怪，為何老城區的建築物不是用水泥磚頭所建造，而是簡便的鐵皮塗上鮮豔的色彩，而在兩個月不見陽光的氣候裡，冰島人是如何在冰天凍地生活的。其實上天是非常眷顧這塊土地的，全區有 90% 都蘊含著天然氣，奢侈地連柏油路面都鋪滿著暖氣管，在市區也能見到白煙四起的現象，所以就算只是薄薄的鐵皮，室內依然是暖呼呼的，他們甚至還要打開窗戶讓冷風進到屋內透透氣呢！

令人喜歡的還有冰島人的性格，直接坦率不裝模作樣，在受到挪威的維京統治時期影響之前，他們坦承自己只是農民及漁民，之所以吃羊頭及喝鯊魚血（傳統冰島特色食物）是因為物質缺乏只能靠海吃海靠山吃山；還有這裡的羊群幾乎都是自由移動，似乎不如其他乳製品大國採取區域性的放牧，羊群的數量是總人口的兩倍以上，無所不在的牠們，常常是開車途中最可愛的陪伴。

偶然遇到冰島的國慶日（6 月 17 日），發現攜家帶眷的許多人都穿著屬於冰島的傳統服裝，沒有嚴肅的升旗典禮，反而是舉國歡天喜地進行遊行及許多給孩童的活動，從小至大的每位國民都能以國家為榮，並真正用歡樂的慶祝行動來表達對國家的愛，而不僅僅是多一天國定假日而已。冰島還有一樣相當特殊的價值觀，特別強調女性的尊榮，認為上天給予女性生育下一代的能力是件最棒的恩賜，所以 80% 的女性幾乎在 19、20 歲間就有了孩子，但不一定要有婚姻關係，甚至不認為生育有礙人生或事業的發展，雖然我不贊同孩子在沒有雙親的環境下長大，但內心卻一直都跟冰島媽媽想的一樣，

不認為有了孩子就限制了人生的許多可能，甚至把他視為一個重新來過的學習體驗。

冰島人說：「沒有不好的天氣，只有不夠暖的衣服。」他們的樂天知命讓旁人感到幸福，如果我們也能專注於解決令人不悅的狀況，或許幸福沒有那麼困難。

●首都雷克雅維克有提供半日的免費市區導覽，必須於五日前於 CityWalk 網頁預定，更多有關冰島的神祕傳說，等你自己來發掘。

CityWalk

所謂的想像就是建築在有限的認知及經驗所產生的感受，更可以說是對人或事未有全面了解的假設印象，這些主觀的想法都是轉變成情感的基礎；是不是我們在哪裡聽過這樣的故事，原本以為怎樣的結果好像不是這樣，就是現實與預期不同的一種狀況，有時候我們因為某些原因而開始迷戀某事某人某城市，斯德哥爾摩的神祕或許也是個意外，沒有預警地感到平靜或說是平常，但轉角裡的裝飾品卻透出有點可愛的氛圍，然後又一次地很喜歡這裡。

有一種反覆很難解，失落之後看見色彩繽紛的河岸，跟著火車帶走內心的脆弱跟悲傷，拾起

UTC +10	UTC +11	UTC +12\-12	UTC -11	UTC -10	UTC -9	UTC -8	UTC -7	UTC -6	UTC -5	UT…

勇氣再度相信自己還有能力去愛、去經歷這樣的反覆，把那個奇幻時刻收藏起來，放在內心的櫥窗，下次用置身事外的態度讀那個過去了的一頁。

斯德哥爾摩就像是一件在生命中很特別的軌跡，很愛過也被冷傷過，現在要用自己喜歡的溫暖繼續看世界。

Stockholm
斯德哥爾摩

NYHAVN
31
S.A.98

12°34′E

UTC+1 CPH

Copenhagen

哥本哈根

TIL SALG
EDC
SAXO

安靜整齊卻又有點嚴肅，人煙稀少的街道上，我甚至開始懷疑自己的去向，或許一切都太平和，少了那種期待的熱情。

是不是因為這樣的生活環境，反而讓童話大師安徒生的美好想像得以發揮，想打破現實框架，創造一個又一個自己想要經歷的故事。小美人魚是舉世聞名的愛情童話，也是哥本哈根不能被錯過的重要景點，原以為雕像之所以被建立，或許曾經真正有人魚出沒於此，因為那望著海洋的側臉帶著一抹哀傷，就像故事裡的主角一樣為了愛心碎卻勇敢；沒想到是一位太感動的商人，決定將人物轉虛為實，以紀念他珍愛的童話故事。

喜歡這裡，因為不會被當觀光客對待，沒有太多的想法，只管太陽眼鏡擋不住陽光直射，在陰影下外套不夠厚，享受那種自然隨性及平淡，或許在平凡生活裡會更試圖創造屬於自己的不平凡，偶爾讓頭腦放空，把敏銳的神經關起來，享受單純的遊覽風景，走走看看，回到旅人最初的意義。

MARIE

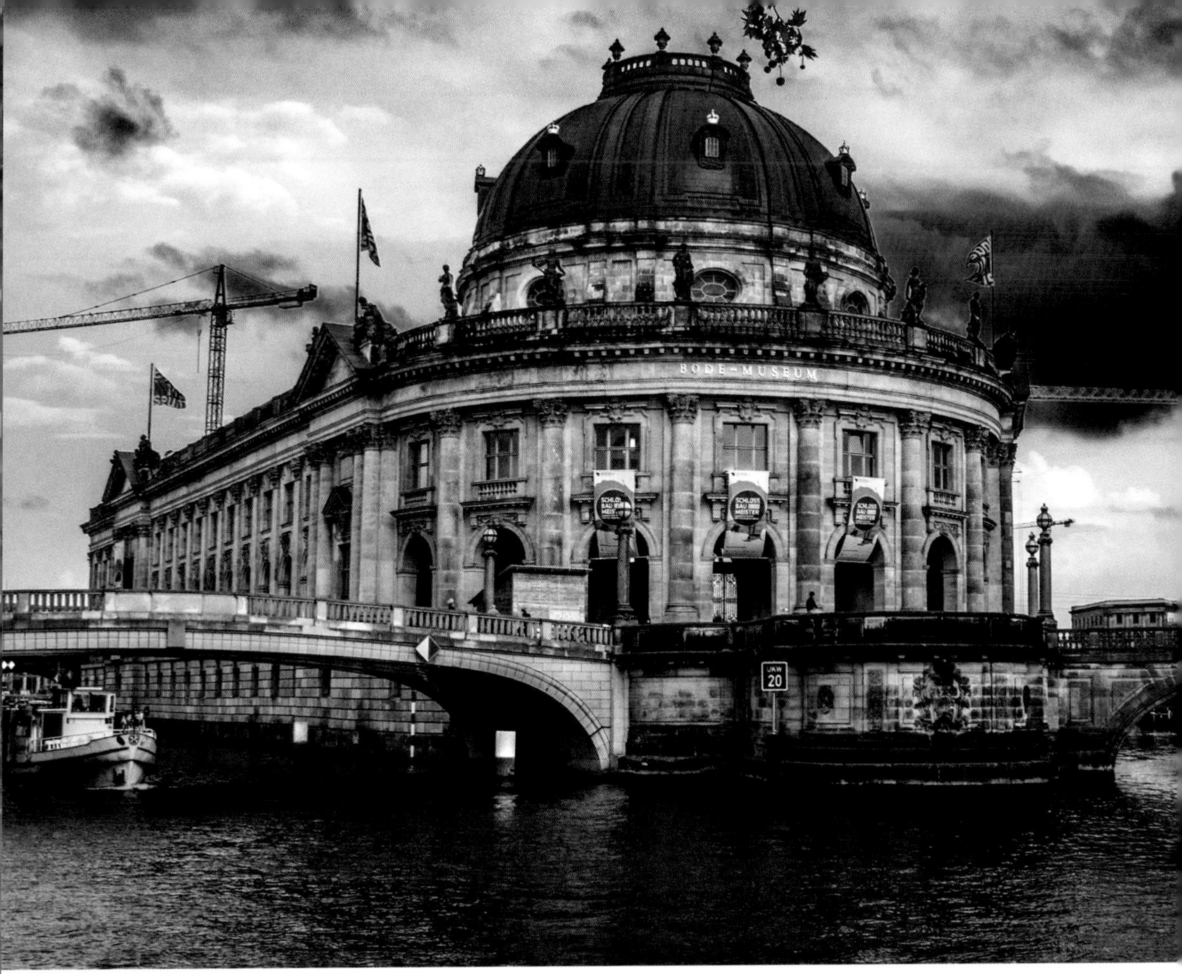

Berlin
柏林

歷史的衝撞跟衝突的場面可能是一走到柏林摸著這斑駁的圍牆就湧上心頭的情緒，在碰觸指尖的一瞬，像電影轉場那樣地翻滾著腦海，經歷那轟轟烈烈的過去。

DEUTSCHE
DEMOKRATISCHE

KPD
BERLIN
PAUL VOIGT

一株不知去向的蒲公英被拾起，這樣的隨遇而安讓人溫暖，心裡懷著希望眼裡看著過往，把不堪或風光的故事化成羽絮，日落日又起，真心相信世界是無論如何的包容，用一個下午的柏林重新整理了自己，旅在這城市給人帶來力量，能平靜地接受下一次的碰撞，沈澱後安定。

21°01′E
UTC+1
WAW
Warszawa
華沙

Warszawa
華沙

刻意穿梭在那條你許下諾言的行人道，那台覆蓋著白雪的車子上寫著冰封的浪漫，心被溫暖的那個時刻，不應該出現的是此時的惆悵，用盡全力保護那年的雪不被融化，烈日卻殘忍地摧毀了童話般的感動，而我和你的世界裡卻再也沒有下一個冬天，回過神才發現自己停在這年蕭瑟的秋天，就算曾經多麼刻骨卻不再銘心。

從小被教導「己所不欲，勿施於人」的道理，長大後才了解「尊重」每個人有不同的品味及喜好，誠實地面對自己的內心並給予意見，卻不輕易影響他人的決定；在我的溫度計裡，華沙的空氣永遠徘徊在攝氏 –16 ～ 5 度，總沸騰不了熱情，像這個你那個他永遠太過冷酷無情，總是滿足不了簡單的渴望；但依然相信，華沙的特別和你的絕對理性可以帶給某人只有幸福的記憶。

Avila
亞維拉

路上的人來人往，他們好像都開心地笑著，在綠油油的草皮上安心地躺著，孩子臉上的笑容肯定是真的，而一個人久了覺得這樣的旅行或生活方式最簡單不過了，忘了分享的快樂是什麼感受，不再需要？還是害怕分享帶來的不是美好而是災難，當兩個人要一起搭車一起吃飯，或許喜好不同，你累了或者我現在餓了，太多事情需要溝通及考慮，不安的心情轉化成困擾，所以止步於城中，而那個讓人能舒服地自處，心靈能安定的旅伴／生活伴侶真的存在嗎？

Angel's Note

大部分的人到達卡布里島後會再搭另一艘船到藍洞口換小船進洞內參觀，還有另一個買島上公車一日券的玩法，從港口搭有軌纜車到卡布里鎮上，那裡有最經典的卡布里島全景可欣賞，和一連串的餐廳及購物區域，從公車總站搭到安娜卡布里後換車直達藍洞，就可以直接搭小船進去了，這樣多了許多時間可以在路上看沿路風景的時間，也是比較經濟的規劃方法。

蘇連多雖是到卡布里島的中轉小鎮，但很難讓人不喜歡，簡單的一條街卻是什麼都有賣，許多自有品牌的皮件店，價格親民用料實在，到現在都還好想回去大採購。絕對不能錯過的是檸檬的相關製品，此區盛產檸檬，從吃的喝的到用的都能把檸檬當作原料，來這裡別忘了買一些伴手禮回家喔！

19°03′E

UTC+2
BUD

Budapest
布達佩斯

UTC +10	UTC +11	UTC +12\-12	UTC -11	UTC -10	UTC -9	UTC -8	UTC -7	UTC -6	UTC -5

電影中男女主角在冰天雪地緊緊相擁的浪漫場面總讓人不相信其真實，難道愛情真的那麼強大，可以瞬間暖化零點的空氣？

那是人生中的第一場雪，當片片雪花飄在空中，正要開始陶醉在電影情節時，鼻涕默默流下來的那刻，找不到任何可以表達這般冷冽的形容詞，只能忍著難受瑟縮地走著。紅紅的鼻子跟失去知覺的四肢，我必須每十分鐘就到咖啡店喝上一杯熱飲，保持繼續探險的溫度。

假日市集在雪景中特別有一番味道，與當地小販相互呼應，水蒸氣在空中竟是看得見的堅毅與韌性，黃昏到夜晚的這段時光，一路從新城佩斯區走著，就碰到印象中的藍色多瑙河，我永遠都忘不了內心的悸動，或許是念書時就常想像，是怎樣的景象能美進圓舞曲的旋律裡。

城堡當後盾，面著金黃色的布達皇宮，在厚厚的雪堆裡畫上自己的名字，這個寂靜的夜裡，我獨占了整座城市；佇立在連結新舊交接城區的鍊橋上，看著，薄薄的浮冰帶著心緩緩地流著，深吸一口冰冷的空氣，是暖的，大大的微笑在僵掉的臉上，興奮不已；多瑙河的藍宛如一個凍結某時空的交點，錯身而過的無數故事，富麗堂皇的歷歷經經，世紀交替著飽和而澎湃。

TABLISSEMENT
NAVIGATION.
1663.

LE ROY
GOVVERNE
PAR LVI MÊME

2°11′E

UTC+2 BCN

Barcelona
巴賽隆納

綠葉跟陽光的嬉戲聲一大早就把我從睡夢中喚醒，風與影把城市拉扯，變化多端有形有色，馬德里總是用靜靜的熱情迎接我的到來。

步伐踏過春夏秋冬總是熟悉的，所有的快樂悲傷友情愛情都在這裡上演過一遍，這裡是屬於自己特別珍愛的城市，觸角這次延伸到同屬於馬德里自治區裡城堡保存最完整的小鎮。站在只有當地人等的公車站，他們不清楚我的去向，頸上的相機也顯得怯生，帶著有點壓抑的興奮，收起太觀光客的情緒，跳上車，像個道地西班牙人輕鬆地遊覽郊外，匆匆變化的窗景一幕幕刷著屏，不著痕跡地存在腦海裡。

12°20′E

UTC+2
VCE

Venice
威尼斯

那些忽遠忽近的過去，像水波推著的紋路，模糊且清晰。

浪漫的水都，一個人略顯傷感，還好有一群女孩兒作伴，我們一起跟觀光團搶位子拍照，在廣場上追逐鴿子奔跑，在巷弄裡找好吃的義大利麵跟披薩，其實忙著把行程排滿，只是不希望讓孤單有趁虛而入的機會。

談到語言，其中一個女孩說，義大利話對她來說很幼稚，不管人長得再怎麼帥，聽到聲音大概就會興趣全失。喜歡是一種主觀的感受，沒有對錯或高低，在對話另一頭身為回應者，我給了一個自己覺得很性感的語言——法語，那種字句卡在喉嚨出不來的聲線，令人神魂顛倒。我們對望相視而笑，其實兩個人內心都住著一個人，剛好來自同個國家，說著那讓我們癡迷的美妙語言。

Venice
威尼斯

一對對情侶穿梭在大大小小的運河裡，看在眼裡是羨慕的，希望自己也能跟心愛的人在貢多拉上，聽著船夫唱著聽不懂的義大利歌；不過我想，一點點的空虛感附和著與愛人的想像，

也是一種獨特的浪漫。後來我與曖昧對象變成情侶，但還沒來得及拉著他重返威尼斯，我卻先把心交還給自己了。

記得曾經看過一部夢中夢的電影，回憶只是多了一點發生過的證據，時間過了剩下的只是一些畫面，那趟旅程對我來說更像是夢，努力從層層時間流的虛幻想像中醒過來；當再次看到威尼斯的落日，不需要等著誰，我一定會帶著最迷人的微笑，與自己相擁，享受一個人的浪漫時光。

14°28'E~14°31'E

UTC+2

MLA

Malta
馬爾他

illy

有沒有想過旅行也可以沒有目的，什麼必看必吃必玩的行程先放在一邊，想走就走想停就停，迷路或許也很好吧！這樣的旅行方式，叫做「度假」。

從來沒見過這麼安靜的海島國家，步調慢到以為自己掉進一塊畫裡，時間似乎只有隨著陽光移動的影子跟浪花的聲音緩緩前進。我忘了上一次自己這樣悠閒享受那個當下是什麼時候，不用腦袋處理過的情緒，那是一種最真實最放鬆的空白，同時卻又那樣地珍貴。然而這樣的旅行方式是我很不擅長的一類，剛到馬爾他時竟會不知所措，白天小鎮的人煙稀少，就連民宿老闆都不知道有什麼特別值得看看的地方，只用滿滿的笑容給了一句：Enjoy your vacation! 馬爾他人怎麼這麼簡單又可愛，而我跟老公的蜜月也就這麼糊裡糊塗地啟程了。

到了聖保羅海灣，海灘上並無擁擠的人潮，隨意坐在邊上的咖啡小店，聽著老闆跟顧客的英文對話，才赫然發現，那些晒著陽光怡然自在的是來自各國的觀光客，相對於當初只是出於好奇心而來探訪這在義大利下方島國的我們，他們又是因為什麼而來的呢？帶著這樣的疑慮，開著上上下下的公路，不間斷的是一個又一個的海灣，「心曠神怡」絕對最適合形容當時的心情，我們隨著屬於馬爾他的節奏，漸漸地調整呼吸速度，腦中的憂慮在吸吐間逐步淡去，好像慢慢懂了度假的意義。

到首都 Valletta 體驗最地道的馬爾他經驗，走在斜斜的巷弄裡、坐在階梯間的露天小酒館，簡樸而優雅是我最喜歡的城市氛圍，Valletta 有著不譁眾取寵的氣質，讓人駐足直到天晚。我們在港口旁見證一段愛情的美好結果，肩並肩相視而笑是最浪漫的事。色彩繽紛的不只是卜派村的木屋，還有更多兒時的幻想——我是手長腳長的奧莉薇，無論在哪裡被欺負，卜派總會出現保護著我。而這些幻想在老公許下承諾的那一刻變成現實，我知道我的卜派一直都在。

令外國人愛上馬爾他的是無可取代的自在，同時學習著假期就應該這樣享受，給蜜月的兩人眼中只有彼此的空間，而不再履行任何景點清單，重要的是身邊的那個你。

Malta
馬爾他

Angel's Note

馬爾他共和國包含了本島、哥佐島及科米諾島。科米諾島現已被規劃為鳥類及自然保護區，島內只有永久的四位居民，一個牧師，三個警察分別擔任與哥佐島互聯、維持當地人口及夏日觀光客的治安工作，科米島在行政上隸屬於哥佐島的管轄範圍。

連車帶人上渡船前往哥佐島是最完美的移動方式，開船後把車停好就可以到甲板上欣賞沿岸的風景，閘口一開就可以駕車到處遊覽。島的北邊有個美劇《權力遊戲》拍攝的場景，海岸岩石造型就像窗戶一樣，當地人還給他取了意為蔚藍之窗的 Azure Window，通透見底的海水就是有一種無法讓人不下水的魔力。

幸運地誤闖了掛滿紅色帶子的小鎮區，還有揚著一面面大紅旗的教堂，跟不絕於耳的鐘聲，推開關閉的教堂門一問，才知道我們到訪的那天是戈斯瑞鎮天主（羅馬公教）教區聖體聖事的盛宴，每一個哥佐島小鎮都必須輪流舉辦這樣的慶典，所以整點時必須讓鐘聲響連續 15 分鐘，爬到教堂高點的敲鐘處，親眼見到了六個孩子們在兩側不停敲鐘的場景，真是令人驚訝，從高處看教堂內到外都仔細地為這樣的節日布置，可見馬爾他人有著虔誠的信仰生活。

哈爾・薩夫列尼地下宮殿是馬爾他重要的歷史寶藏，這是全世界唯一一個被發現的史前地下宮殿，估計在西元前 3300 ～ 3000 年前就存在了，這也證明了馬爾他不只是一個能讓人心無旁鶩享受假期的地方，更有強大的歷史文化背景值得深究。

在下決定的那一刻起，內心似乎聚集了能量，開始吸引周遭相助於那個決定的人事物。

或許每個人年少都曾迷惘，因為傷害愛自己的人而感到內疚，而人生本來就是沒有止息的學習過程，重要的是認識並面對錯誤，求莫重蹈覆轍而已。

在莫斯科大學前的平臺俯瞰城市內各處史達林建築，那些歷史痕跡永遠都在，深的傷疤也依然清晰可見，人生不斷往前邁進，一個疤就代表一個回憶，好的壞的已經與身體共存，並成為值得珍藏的標記，相信黑暗後總會有光明，癒合後就能重生。

Moscow
莫斯科

旅程中的不期而遇，總是意外地印象深刻，只是隨意的某個話題，卻能讓人想起那個總是相信未來會更好的自己，一步步在旅行的路上，裝回更多對人生的熱情。

Angel's Note

莫斯科雖然身為俄羅斯的首都，但幾乎看不見任何英文字母，可見國家的霸氣及驕傲，搭地鐵時就像是闖關遊戲，我比你答，然後還要猜猜回答的意思，繃緊精神就怕錯過下車站，問路時要找到會講英文的人，就跟買刮刮樂一樣，常常得到的回應就是謝謝再見，然後繼續尋覓下個可以提供幫助的機會。

紅場是最富盛名的莫斯科景點，紅場在 1571 年被大火燒光後變為空地，並被稱為 Pozhar（意指被燒光的地方），而名稱的由來，

Красная 原是指場內最具代表性的聖巴索大教堂及克林姆皇宮塔建築物上鮮豔的「紅」顏色，直到國王亞歷克西斯時期，才把「紅色」延伸到整個廣場，演變成現在的紅場名稱。場地經常性地用於各種慶典活動，兩次到訪都見到鐵架林立場內各處，為整備即將到來的國際軍事音樂節，來此參觀之前請別忘了先查詢一下活動行事曆，才不會錯過了在紅場參與盛會的機會。

34°83′E

UTC+3 IST

Cappadocia
卡帕多奇亞

來自小鎮村的人們可能比較保有簡單而體貼的內心，在深深的夜裡還堅持帶我去看他鐘愛的視角，就算牙齒發抖手腳麻木，但暖流不止竄在心裡。入睡後五小時，被急急的敲門聲吵醒，昏暗的天及還沒回過神的狀態下，慌亂而無暇興奮，直到看到那大大的熱氣球緩緩膨脹，腳踏進如卡通般奇幻世界的籃子裡，飄浮在空中的每一個起伏是不可思議的真實，每一寸被風拂過的肌膚，透著幸福。

Cappadocia
卡帕多奇亞

卡帕多奇亞是那樣簡樸卻壯觀，我崇拜與奇岩怪石共居共生的古人，更感恩這樣的曠世絕景能被保留至今；我愛 Göreme 鎮民的團結與驕傲，把旅客當朋友對待的熱情，和諧並快樂地和自己土地的所有事物生活在一起。

希臘有令人屏息的美，還有最悠久的城邦文明，一個島就是一種生活方式。

降落在黃澄澄的日出愛琴海上，興奮渲染在每個疲累臉上而笑顏逐開，這是聖托里尼特有的迎賓儀式；簡單的機場設備，兩圈行李輸送帶轉著準備裝滿回憶的箱子，旅客們的草帽及飄逸長裙成了海島之旅的制式服裝，這絕對不是陳腔濫調，而是與當下最契合的自然流露。

依著海開在小丘的路上，穿梭於屋子的櫛次鱗比，經過一個又一個小聚落，每一面的海岸線都有不一樣的風貌，隨意地停下來坐在路邊的小餐館就是件浪漫的事，因為只有藍天白雲陽光和你，沒空在乎身邊以外的人，這就是愛琴海的魔力。

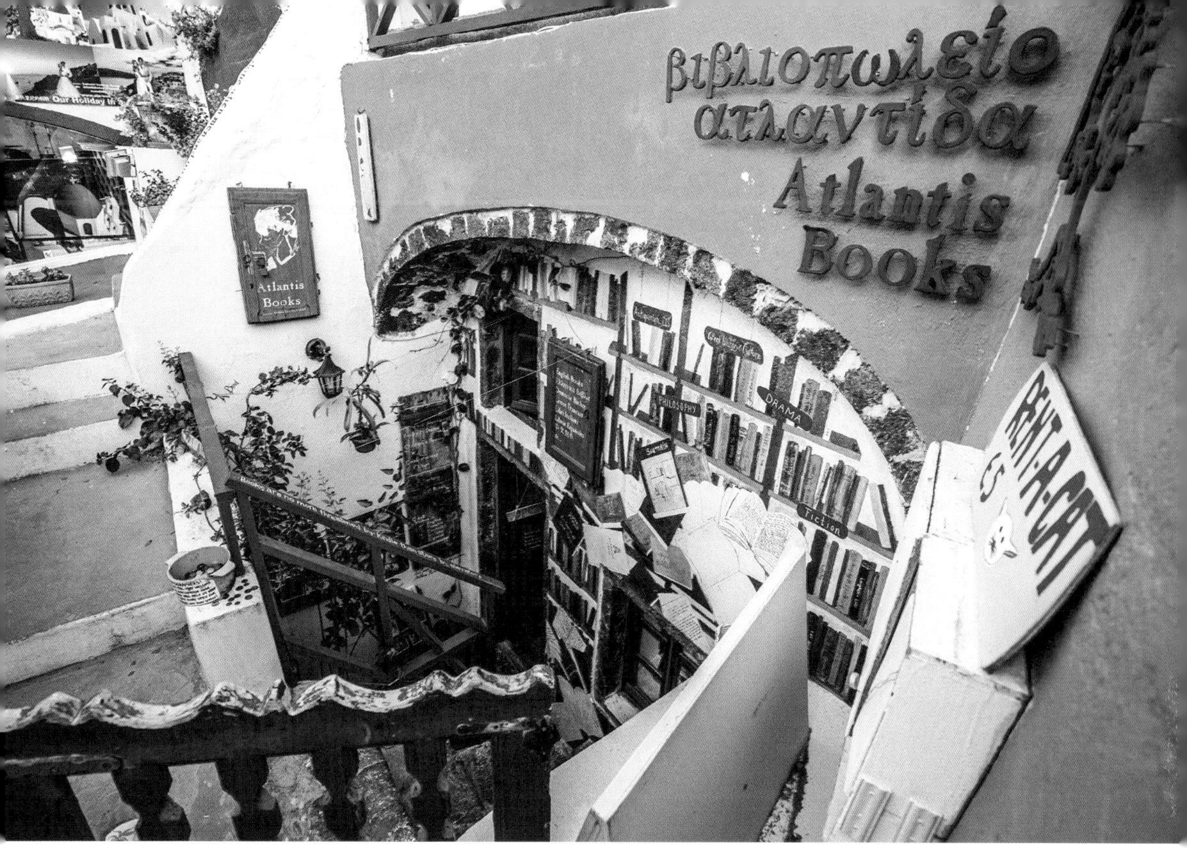
βιβλιοπωλειο
ατλαντιδα
Atlantis
Books
Atlantis
Books
PHILOSOPHY
DRAMA
Fiction
RENT-A-CAT
15

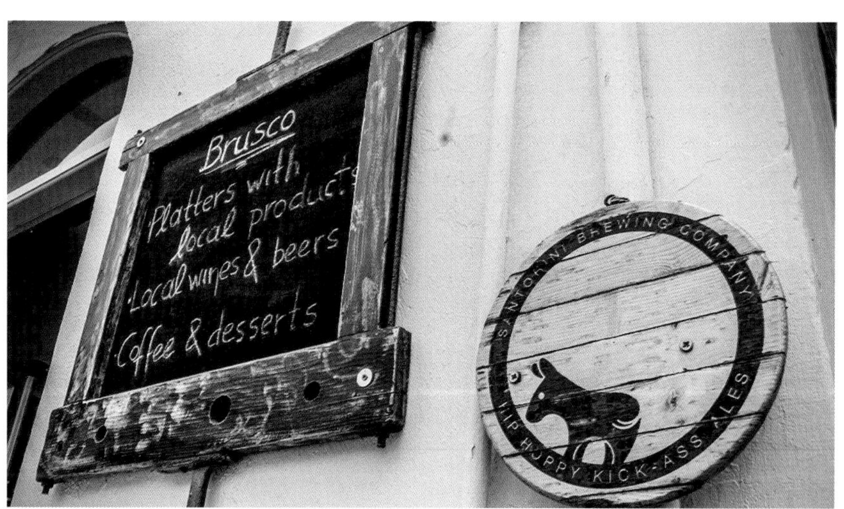

Brusco
Platters with local products
Local wines & beers
Coffee & desserts
SANTORINI BREWING COMPANY
HIP HOPPY KICK-ASS ALES

伊亞那條最熱鬧的街除了藍色白色還有擁擠人潮，最熱門的活動就是在太陽下山之際一路向西，追著夕陽的狂奔、被分開卻又牽上的手；因為你耐心的堅持才繼續了我中途好幾次想放棄的步伐，那片讓人永生難忘的美景，經歷多少的質疑依然在原地不分日夜地驚艷願意相信它的人，沉得住的氣度使聖托里尼之美所以永垂不朽。不急著去解開的誤會，用時間證明；四處散播的流言蜚語，用沉默明白；旅行的路上會不小心想起曾經的委屈並在過程中療癒，放逐後才能找到，一直都陪在身旁的，那些值得被珍惜一輩子的人。

搖搖晃晃睡睡醒醒，航行了五小時抵達首都雅典，一湧而上的是雜亂，經過路旁單調的景色平凡地以為來錯了地方，車站後方的小巷裡有一整排玻璃破碎的空屋，以前是盛極一時的工業廠房，走過身邊的公園傳來的不是清新的青草味，而是混著垃圾及流浪狗跟酒精的氣味，這裡變成街友們的聚會場所，加上昏暗的天色很難不讓人感到不安，夜裡似乎安靜得很不尋常，直到進入了衛城區。

帕德嫩神殿在光的照射下有種孤傲的美，吹著初夏的風互相依偎著，被成群的神殿以英雄之姿保護著，俯視著閃爍的城市閃光，此時有點迷茫，會不會藏在光明背後的黑暗才是雅典真實的模樣？「心之所向，身之所往」，每個心中的憧憬都是一副未來的圖畫，決定怎麼想就成了人生的態度，日常作為即為反映內心的體現。若自身是充滿正面能量的強大發光體，或許能照亮他人的黑暗，就算偶爾對世界失望，總會有真正愛你的人給你一盞燭光，這樣明暗的消長，才有機會感受那些該珍惜、該感恩的重要時刻。

白天再訪神殿有說不完的讚嘆，與城市生活的反差有更多吐不完的感傷，我選擇把所有情緒留下，分別放在喜怒哀樂的罐子，變成面對人生起伏的寶貴經驗。

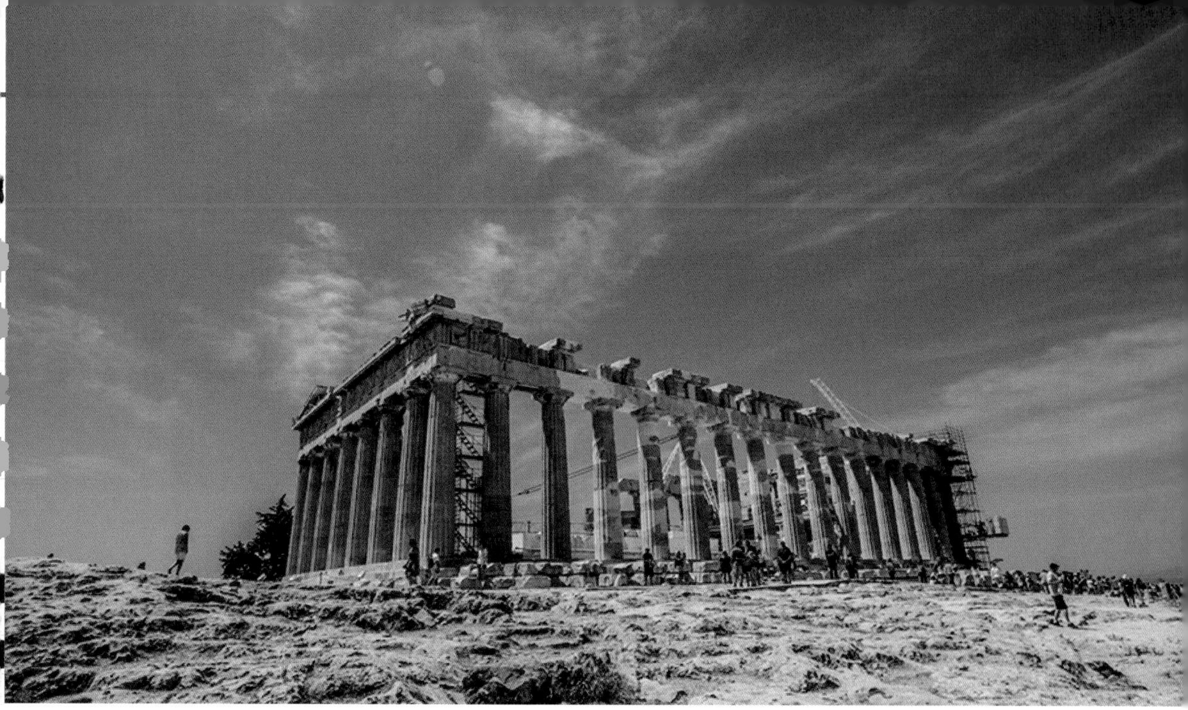

ΕΡΕΧΘΕΙΟΝ · THE ERECHTHEION
Ionic temple dedicated to Athena, Poseidon
chthonic deities of Attica. 421-406 B.C.

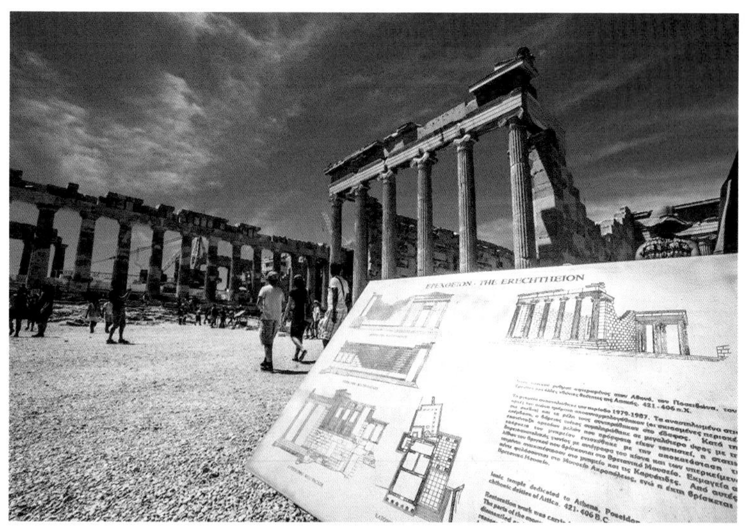

44°47′E

UTC+4

TBS

Georgia

喬治亞

喬治亞在歐洲的版圖裡，代表的是一個國家，有著自己的個性跟純樸，一個烙在心裡很特別的印記。

提比利斯是喬治亞的首都，這裡沒有很多的觀光客，除了遊客中心外旅遊地圖非常難以取得；熱鬧的街道與一般的歐洲國家

沒有什麼不同，一個轉角的距離，場景轉為非常生活的民宅小巷，不一會立刻像名人一樣被包圍，或許巨大的身長配上小眼睛及黃皮膚似乎是種不尋常的組合，即便他們東拼西湊著英文也想跟我說上幾句話，熱情卻靦腆成了這個城市的第一印象，其中兩個表姊弟直接拉著我往上走，當我的專屬導遊。

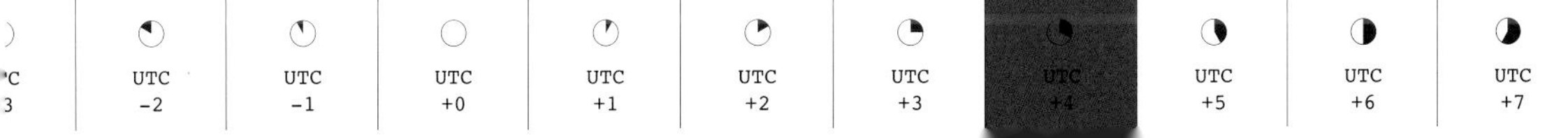

Georgia
喬治亞

我們穿過了無數巷弄，跟路邊的小販打聲招呼讓人親切，比手畫腳加上一點點句型填空是最有趣且有效的溝通方式，不知道會被帶到哪裡去，只見剛剛經過的房子漸漸縮小，沾染蔚藍的天跟山的蒼綠灌溉，城市立刻浮現 18 世紀的壯麗，小小溫暖的心襲來一股自由無比的光暈。

Angel's Note

喬治亞不是美國的一個州，在這裡是一個 1991 年從蘇聯解體後獨立的東歐國家。簡樸的喬治亞人個性恰恰呼應了此地建築風格，深深的歷史感卻又平易近人。

一進機場，不僅看到每個移民官工作隔板上一定有耶穌基督，蓋過海關章後給過手來是意料之外的紅酒，我知道他們一定虔誠且好客，而就在我還在為這樣特別的歡迎方式感到新奇時，城區的「喬治亞之母」像即說明了一切；左邊拿著碗，裝的是酒，請你喝一口代表歡迎；右手拿著劍，隨時可以保護自己免於被敵人所欺侮。

為什麼裝的是酒而不是其他液體？其實「wine」這個英文字源自於喬治亞，在這裡有著世界上 65% 的葡萄種類，對當地人而言，酒是一種豐收，而與之分享的即是朋友。因為地靠黑海又緊鄰伊朗及土耳其，長時間受外國的侵略，而當時鄂圖曼土耳其進行多少殺戮也無法將其納入伊斯蘭教版圖，故喬治亞及阿爾美利亞被稱為最後的基督教聖地，而劍則充分顯示著對國家的忠貞及對信仰的決心。

更有趣的是喬治亞的文字，可以說是四不像，找不到拉丁語系的痕跡，也沒有阿拉伯文的柔軟，即便方正也絕非中文體系，上下相對卻也不是左右倒反的斯洛伐克文，獨創的文字系統，使國民很引以為傲。

喬治亞不只有美景，還有好多好多新奇好玩的故事，準備讓你驚訝及愛上這座城市。

-7 到 +11：追著時差的任意旅行
(North America & Europe)

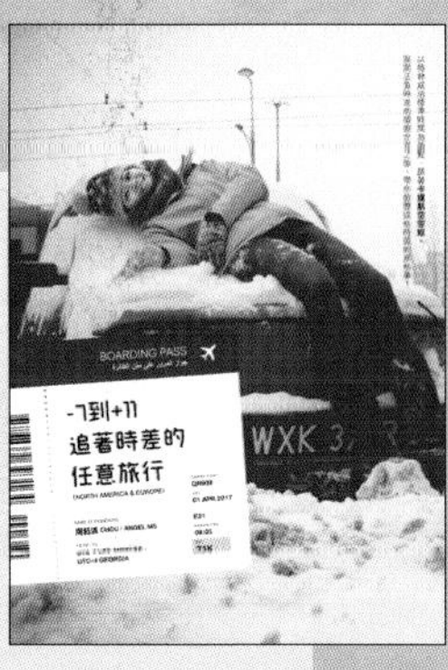

作　　者	周鈺淇
發 行 人	林敬彬
主　　編	楊安瑜
副 主 編	黃谷光
責任編輯	黃谷光
內頁設計	季曉彤（小痕跡設計）
內頁編排	黃谷光
封面設計	季曉彤（小痕跡設計）
編輯協力	陳于雯
出　　版	大旗出版社
發　　行	大都會文化事業有限公司 11051 台北市信義區基隆路一段 432 號 4 樓之 9 讀者服務專線：（02）27235216 讀者服務傳真：（02）27235220 電子郵件信箱：metro@ms21.hinet.net 網　　　址：www.metrobook.com.tw
郵政劃撥	14050529　大都會文化事業有限公司
出版日期	2017 年 04 月初版一刷
定　　價	380 元
I S B N	978-986-93931-6-4
書　　號	Forth-017

First published in Taiwan in 2017 by Banner Publishing,
a division of Metropolitan Culture Enterprise Co., Ltd.

4F-9, Double Hero Bldg., 432, Keelung Rd., Sec. 1, Taipei 11051, Taiwan
Tel: +886-2-2723-5216　Fax: +886-2-2723-5220
Web-site: www.metrobook.com.tw
E-mail: metro@ms21.hinet.net

大旗出版 BANNER PUBLISHING

國家圖書館出版品預行編目（CIP）資料

-7 到 +11：追著時差的任意旅行（North America & Europe）/ 周鈺淇著. -- 初版. -- 臺北市：大旗出版：大都會文化發行, 2017.04
256 面；23x17 公分

ISBN　978-986-93931-6-4（平裝）

1. 遊記 2. 世界地理

719　　　　106003666